PARIS

DANS LA SÉRIE LIBRIO TOURISME

AVEC **intuitArt**

Lisbonne, Librio n° 747
Rome, Librio n° 748
Prague, Librio n° 750
Budapest, Librio n° 751
Barcelone, Librio n° 752

(TOURS &
DÉTOURS)

Paris

Librio

Inédit

Crédits photo : Agence intuitArt

Sommaire

Avant-propos

On a tout dit ou presque sur Paris : sa diversité, ses révolutions, ses instants fugaces, ses romances ou son élégance. Paris est tour à tour une ruelle, une ruine ou un roman. Paris est une traversée, une tragédie ou un tableau. Paris est une muse, un musée, une musique.

De Paris, on a tout dit sauf la recette du bonheur. Pour être heureux à Paris, il faut vivre en harmonie avec l'esprit du quartier, attraper au vol l'instant magique, trouver le bon zinc. De préférence celui qui ne paie pas de mine. Le comptoir où la convivialité des habitués nous donne envie de nouer de nouvelles amitiés.

En quête d'un savoir-vivre urbain, entre authenticité et modernité, ce guide nous entraîne dans mille détours pour découvrir la capitale sous un autre jour.

Pour explorer les endroits oubliés et s'amuser dans des lieux de culture en mouvement, voici vingt-cinq idées de visite comme autant de promenades insolites, vingt-cinq balises pour naviguer dans un Paris qui nous ressemble parce qu'il célèbre l'art et la nouveauté, la fête et l'esprit d'une ville éternelle.

Laurent LOISEAU
Directeur de la rédaction d'intuitArt

Parcours

1. La Cinémathèque française
2. Le musée de la Sculpture en plein air
3. Les Voûtes
4. Le marché Mouffetard
5. La place de l'École polytechnique
6. Le château de la Reine-Blanche
7. La place Saint-Sulpice
8. Les jardins de Catherine Labouré
9. L'hôtel des ventes Drouot-Richelieu
10. La BNF, site Richelieu
11. L'église Saint-Eustache
12. La Chapelle expiatoire
13. Arcurial
14. Le Palais de Tokyo
15. La fondation Le Corbusier
16. Le parc André-Citroën
17. La Maison d'Ourscamp
18. Le marché des Enfants-Rouges
19. Le Centre culturel suédois
20. Le Centre de danse du Marais
21. Le passage Brady
22. Le marché Dejean
23. Le square Villemin
24. La place Sainte-Marthe
25. Le cimetière Saint-Vincent

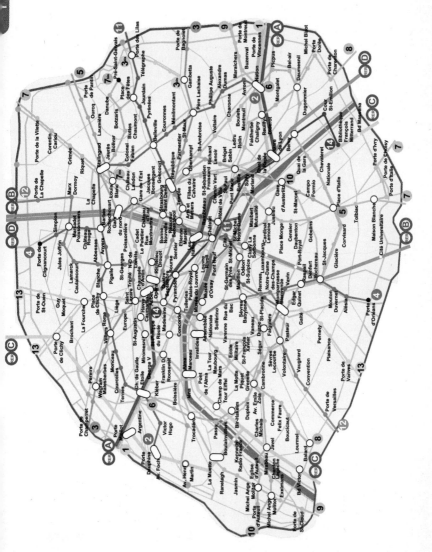

◼1 La Cinémathèque française

Le joyau du septième art

Enfin sortie de l'ombre, la Cinémathèque française n'est plus réservée aux seuls cinéphiles avertis. Outre les quatre salles de projection, elle offre des espaces d'exposition, un musée du cinéma, des ateliers pédagogiques, une bibliothèque du film, une librairie et un restaurant. L'exposition permanente, *Passion cinéma*, vaut, à elle seule, le détour. Une immersion dans l'univers insolite d'étranges appareils, d'objets étonnants et de costumes d'époque.

Bercy : le nouveau Paris s'éveille

Au pied de la Cinémathèque, s'étend le parc de Bercy, qui trace une promenade variée avec ses bassins, ses potagers et ses rampes pour roller. On débouche sur le Cour Saint-Émilion, où les anciens chais transformés en boutiques et en terrasses de restaurant ont des allures de guinguettes. On y déguste un verre de vin en imaginant les charrettes des négociants, qui, jusque dans les années 1950, s'approvisionnaient aux anciennes foudres des entrepôts. Les rails sur les rues pavées et une vigne vendangée chaque année évoquent ce bon vieux temps.

Moment magique

Après une sieste, un après-midi de balade dans les jardins longeant la Seine, de Bercy jusqu'au Cour Saint-Émilion.

Idée visite

La Maison du jardinage, qui conseille et documente tous les jardiniers en herbe, organise pendant les vacances scolaires des ateliers pour les enfants dans une serre pédagogique.

Inscriptions au
01 53 46 19 19.

Passion cinéma présente des œuvres d'art étonnantes relatives au septième art, comme ce portrait cubiste de Charlie Chaplin par Jaquelux, réalisé en 1929.

© La Cinémathèque.

Devant la Cinémathèque s'étalent les jardins de Bercy. Une allée passante mène aux anciens chais, aujourd'hui transformés en charmant petit village commerçant. Une idée de balade après une visite au musée du Cinéma.

Aux allures de décor de cinéma, le hall principal et sa mezzanine illustrent le talent de l'architecte, qui joue sur les volumes et la lumière pour produire une ambiance particulière.

© La Cinémathèque

❷ Le musée de la Sculpture en plein air

Quand la sculpture joue avec les reflets de la Seine

Voilà un musée abandonné à ses œuvres, qui ne préoccupe la Ville de Paris que lorsque celles-ci sont taguées. Pourtant, quel plaisir de découvrir ce jardin insolite, conçu et dessiné par l'architecte Daniel Badani dans les années 1980. La sculpture de la seconde moitié du xxᵉ siècle y est à l'honneur. On y admire des œuvres de César, Brancusi, Gilioli, Zadkine, Nicolas Schöffer... Pour en profiter, il faut en regarder bouger certaines, en voir jouer d'autres avec la lumière, entendre siffler les troisièmes les jours de grand vent. L'art devient alors plus que jamais une expérience des sens.

Moment magique

Au coucher du soleil, évidemment, avec la vue sur Notre-Dame.

Un lieu de rencontre familial

Situé en bord de Seine, au cœur du jardin Tino-Rossi, l'endroit est l'un des plus agréables pour un pique-nique ou une fête improvisée. Boulistes, danseurs de tango, amateurs de rock ou de théâtre d'improvisation ne s'y sont pas trompés : on rencontre ici toutes sortes d'oiseaux que les bords de Seine ou l'art plastique n'ont pas encore blasés.

Faire une pause

Contrastant avec les sculptures contemporaines des bords de Seine, le Jardin des plantes, tout proche, présente une série de sculptures figuratives parfois drôles ou émouvantes. Ainsi, ce lion dévorant un chrétien, dont on voit le pied surgir du sol...

Entre la Seine et le Couvent des Bernardins, la Tour d'Argent a déjà soufflé ses 400 bougies. Un record. Lorsqu'on fait face au restaurant haut perché, la présence d'un drapeau sur le toit de l'immeuble intrigue : s'il flotte au vent, il signifie tout simplement que le patron est dans son restaurant.

En poursuivant la balade vers Notre-Dame, on parvient à La Tour d'Argent, prestigieux trois étoiles. Au pied du restaurant, un vrai zinc parisien perdure, Le Rallye, avec son petit musée Tintin en vitrine. On apprécie son ambiance authentique lors d'une halte, après une promenade en bord de Seine.

Perpendiculaire au quai de la Seine, à deux minutes du musée de la Sculpture en plein air, la piscine Pontoise est un endroit insolite pour terminer une journée de marche. La piscine arbore une beauté toute particulière avec son architecture sportive des années 1930 et ses 160 cabines réparties sur deux étages. 18, rue de Pontoise, 75005 Paris. Entrée : 3,70 €

3 Les Voûtes

Infos pratiques

Ⓜ Bibliothèque François-
Mitterrand (ligne 14)
RER C Bibliothèque
François-Mitterrand
🚌 n° 89, 325
Les Voûtes
91, quai Panhard-et-
Levassor, 75013 Paris.
www.lesvoutes.org

À l'est, du nouveau

Situés derrière la nouvelle Bibliothèque
François-Mitterrand, les Frigos sont
les anciens entrepôts frigorifiques que
la SNCF loue à des artistes qui les ont
transformés en ateliers, théâtres et
studios d'enregistrement. Entre tradition
et modernité, le nouveau lieu symbolise
l'éveil d'un quartier tout entier, tourné
vers l'économie et l'art.

L'art, à l'avant-garde

La rue Louise-Weiss accueille de nouvelles
galeries d'art contemporain, tout comme
les rues du Chevaleret et Duchefdelaville.
Les nouvelles venues ne s'installent pas
par hasard : toutes viennent renforcer le
nouveau pôle artistique qui se développe
à l'est de Paris.

Arts & Musées

Avec ses quatre immenses tours de
verre symbolisant des livres ouverts
et son jardin d'espèces rares installé en rez-de-jardin, la Bibliothèque
François-Mitterrand est un édifice
d'avant-garde. Ses salles de lec-
ture titanesques méritent le coup
d'œil et ses expositions sont toujours d'un intérêt exceptionnel.

Des graffitis délirants, des tags sur toute la longueur des bâtiments, l'espace des Frigos accorde entière liberté aux grapheurs. Et quand l'espace vient à manquer, les œuvres sont recouvertes pour en accueillir d'autres.

Certains artistes issus des Frigos se sont regroupés pour préserver des voûtes situées sous la rue de Tolbiac, ainsi que le jardin attenant. Au départ, l'association a organisé des spectacles, des expositions, des concerts et des débats pour collecter des fonds. Peu à peu, les Voûtes sont devenues un véritable laboratoire d'expériences culturelles, notamment dans le domaine de la vidéo. Une quinzaine d'événements sont organisés chaque mois, annoncés sur le site Internet. Les derniers mardi et mercredi du mois, y a lieu un rendez-vous régulier et insolite avec des pros du cirque : les soirées *Le Radeau, Le Retour*.

© association les voûtes

4 Le marché Mouffetard

Infos pratiques

Ⓜ Place Monge, Censier-
Daubenton (ligne 7)
🚌 n° 47
🕐 Le marché est ouvert
tous les jours, sauf le
lundi.

Un village bâti sur une rivière

La *Mouff'* est une portion d'histoire des vieux métiers. Celle des tanneurs et des peaussiers, installés au bord de la Bièvre qui coule toujours sous les pavés. On y déversait, dans des vapeurs nauséabondes, toutes sortes d'immondices. Naguère mystérieuse et dangereuse, la *Mouff'* s'est aujourd'hui assagie. Mais elle n'a rien perdu de son charme, que l'on apprécie en descendant la rue depuis la place de la Contrescarpe, en repérant façades et vieilles enseignes.

Les saveurs d'Auvergne, la touche orientale

À l'approche du marché, on découvre des ruelles exiguës, comme le Passage des Postes. Ici, l'authenticité fleure bon le Massif central. On retrouve les saveurs d'Auvergne dans les épiceries et les boucheries, mais aussi dans le plat du jour des *Papillons*, où le patron cultive la convivialité du terroir. Les habitués s'accoudent au zinc du dernier rade du quartier, le *Verre à pied*. Les commerçants se retrouvent *Chez Marc*, une brûlerie qui propose mille savoureux *Arabica*. Rue de l'Arbalète, le *Café égyptien* sert le thé à la menthe accompagné d'un narguilé.

Moment magique

le week-end vers 11 heures, au son du jazz ou des vieilles ritournelles.

Idée visite

Avec sa Grande galerie de l'évolution et sa ménagerie, le jardin des plantes, à trois pas, offre une mine d'activités pour les enfants. Explorez ses recoins dissimulés, comme le belvédère perché en haut du labyrinthe en colimaçon, dominant les plus vieux arbres de Paris.

Au XVIIᵉ siècle, on identifiait maisons et commerces par des enseignes et non des numéros de rue. Cette fontaine, située aujourd'hui au n° 122, en est l'un des derniers vestiges.

La rue Mouffetard serpente jusqu'à la place de la Contrescarpe, où l'ambiance est toujours à la fête. De larges terrasses et de très nombreux bars accueillent en permanence un public très varié. Régulièrement, des vide-greniers ou des brocantes sont organisés, renforçant encore la complicité entre les riverains.

C'est entre 10 heures et midi, le samedi et le dimanche matin, qu'il faut se livrer au rituel de la « descente de la *Mouff'* » jusqu'au marché du bas, s'arrêter et s'y restaurer, avant le repas dominical ou le brunch entre copains.

5 La place de l'École polytechnique

Ambiance garantie
dans les bars estudiantins

En marge de la bourdonnante artère
de Saint-Germain, la place de l'École
polytechnique, nichée sur les hauteurs
de la montagne Sainte-Geneviève, usurpe
son nom. La prestigieuse école militaire
a depuis belle lurette migré vers
un campus en région parisienne. Reste un
fronton sur l'annexe du ministère de la Défense
et un bastion d'irréductibles étudiants
et d'habitués qui aiment avant tout faire
la fête. Indéracinable, les *Pipos*,
minuscule et charmant bistrot à vins,
affiche son style anarchiste. Les deux rues
voisines abritent quant à elles les lieux
cultes : le *Violon Dingue* et le *Piano Vache*,
institutions de la nuit germanopratine.

Des spiritueux au spirituel,
détour insolite

Cœur du Paris historique, sur la place du
Panthéon, l'Église Saint-Étienne-du-Mont
mérite le détour. La Reine Margot en posa
la première pierre en 1610. Elle est la
seule église à Paris ayant conservé son
jubé, cette galerie transverse qui permettait
les prédications et les lectures, et
qu'autrefois toutes les églises possédaient.

Arts & Musées

À trois minutes, le Musée national
du Moyen Âge abrite la fameuse
tenture de la Dame à la licorne.
Une allégorie sur les cinq sens et
le renoncement
aux plaisirs du
monde, tissée
en Flandre au
xve siècle.

Rue Clovis, per-
sonne ne remar-
que plus les restes
de l'enceinte célèbre de
Philippe-Auguste. Une
arche de ce fameux mur
du xiie siècle, découverte
en 1992, se visite tous
les mercredis, à 14 h 30,
au 30 bis, rue du Cardi-
nal-Lemoine.

Les Pipos, dernier bistrot de la place, depuis la fermeture du mythique Bar de l'X.

6 Le château de la Reine-Blanche

Le quartier des tapissiers

C'est l'un des villages les plus
authentiques et les plus secrets de Paris.
À l'image de la rue Mouffetard, le quartier
des tanneurs, ce quartier de tapissiers
s'organisait autour de la Bièvre, dans
laquelle on lavait les tentures, dès le
Moyen Âge. Cette promenade historique
dans l'un des plus vieux secteurs
économiques de la capitale nous mène,
au détour de petites ruelles, à l'arrière de la
Manufacture de tapisseries des Gobelins,
pour découvrir des trésors cachés.

Un château de contes de fées

Dans la minuscule rue des Gobelins,
on peut admirer les rares demeures
médiévales de Paris. Soudain, surgit
un ancien corps de logis à tourelles :
le château de la Reine-Blanche. Presque
dissimulé, on découvre quasiment par
hasard ce château de la belle au bois
dormant. Il fut construit au xvie siècle
par une famille de teinturiers et fut
récemment restauré pour être visité.

Art & Musées

Entre la Manufacture et
le petit château se dres-
se un sévère immeuble
d'Auguste Perret de
1936 : le Mobilier Na-
tional. Ancien garde-
meuble Royal, il gère
200 000 pièces de mo-
bilier des résidences
présidentielles et mi-
nistérielles.

C'est Colbert qui
décida, en 1662,
la création de la
Manufacture des Gobelins,
qui acquit rapidement une
forte notoriété dans toute
l'Europe. Il est également
possible de voir la partie
du bâtiment d'époque qui
subsiste, en longeant la rue
Berbier-du-Mets.

À deux minutes à pied, on rejoint la Butte-aux-Cailles, une colline où serpentent de petites ruelles pavées. Sa place principale, à l'allure villageoise, et ses bistrots d'habitués lui confèrent un charme pas (encore) tout à fait parisien.

Derrière le château de la Reine-Blanche, on devine l'emplacement de l'un des bras de la Bièvre au cœur du square Le Gall, le long d'une gigantesque rangée d'arbres alignés au cordeau. Au siècle dernier, cet espace de verdure constituait les jardins des ouvriers qui travaillaient à la Manufacture des Gobelins. Un îlot de calme et de verdure bordé d'espaces de jeux et de parcours boisés sur plusieurs niveaux. On s'y retrouve entre familles du quartier.

7 La place Saint-Sulpice

Le cœur de la capitale, l'âme de Paris

La place Saint-Sulpice, c'est l'âme de Paris : industrieuse, artistique, spirituelle. Temple de la haute couture, café branché et rue festive côtoient l'église au parfum de mystère. Le *Café de la Mairie* accueille les personnalités les plus en vue. Face aux tours dissymétriques, les quatre grands orateurs les plus célèbres du XVIIe siècle – Fénelon, Bossuet, Massillon et Fléchier – sont juchés sur la fontaine des *Quatre points cardinaux*.

Quête ésotérique, découverte artistique

Moment magique

Vers minuit, rue des Canettes, un jour de match de rugby.

Carrefour germanopratin entre un Quartier latin tendance shopping, le Luxembourg et Montparnasse, on pénètre Saint-Sulpice en cherchant la clé du sulfureux *Da Vinci Code*, qui attire les visiteurs en quête de mystère. Fascinés par le Gnomon de l'église qui n'a pourtant rien d'ésotérique, on passe souvent à côté du plus grand orgue de France, construit en 1862, et on néglige également les trois grandes fresques de Delacroix que l'on admire à droite en entrant dans l'église, dans la chapelle des Saints-Anges, qui abrite *Le Combat de Jacob avec l'ange*.

Faire une pause

Le jardin du Luxembourg est tout proche. Le temps d'une pause pour découvrir *La Liberté éclairant le monde* : le bronze original qui servit de modèle à Auguste Bartholdi pour réaliser la statue de la Liberté qui accueille les navires dans la baie de New York.

Dans l'église, notez les bénitiers accolés aux piliers de la nef. Ce sont des coquilles géantes offertes à François Ier par la République de Venise, confiées ensuite à l'église par Louis XV en 1745.

Derrière la fontaine,
à côté de la mairie,
la Maison de la Chine est un lieu
pour tous les amoureux de l'Asie.
Mêlant agence de voyages,
boutique, salon de thé et espace
d'exposition, on y organise
chaque mois des soirées
de rencontres thématiques.

Le soir, c'est par la rue
des Canettes qu'il faut découvrir
le quartier Saint-Sulpice.
Connue déjà au XIIIe siècle, la rue
prospéra au XVIIe siècle lorsque
la foire Saint-Germain,
toute proche, donnait du labeur
à toutes les confréries artisanales,
boulangers, ébénistes, vinaigriers
et autres fourbisseurs d'armes...

8 Les jardins de Catherine Labouré

Art & Musées

Niché au fond d'une
cour, le Musée du pro-
testantisme cultive une
atmosphère studieuse
dans un lieu où le
temps ne semble pas
compter. Une bonne
occasion pour en sa-
voir plus sur la religion
réformée.

54, rue des Saints-Pères,
75007 Paris.

Des jardins aux airs de potager de curé

Ce jardin de curé, en plein cœur de Paris,
surprend ses visiteurs qui le découvrent
toujours par hasard, derrière un mur
austère. On songe à un jardin de ministère.
Voici que l'on découvre un jardin potager.
Dans le très chic VIIᵉ arrondissement,
ce jardin de riverains, hors du temps, oublié
des circuits touristiques, a des origines
religieuses. Alors que le jardin des Missions
Étrangères, au 120, rue du Bac, n'est
ouvert que lors de la journée des jardins,
en septembre, celui de Catherine Labouré,
lui, l'est tous les jours. Autorisation
rarissime à Paris, on peut y pique-niquer
sur la grande pelouse, devant les arbres
fruitiers, les roses et le potager.

À une encablure, la fourmilière du Bon Marché

À 200 mètres à peine, changement
d'ambiance. Depuis qu'André Boucicaut
en a fait l'un des plus grands quartiers
commerçants de la capitale, on se presse au
Bon Marché et à son épicerie fine. Songeons
que les ordres religieux y faisaient naguère
leurs emplettes dans une atmosphère
moins frénétique. Aujourd'hui, les magasins
de décoration haut de gamme ont remplacé
les boutiques de soutanes.

La Chapelle miraculeuse,
au 140, rue du Bac, est
l'un des endroits les plus
visités de la capitale, depuis
qu'un matin de 1830, la Vierge
apparut à Catherine Labouré,
l'abjurant de faire frapper des
médailles pour racheter les fautes
des hommes. Sainte Catherine
Labouré repose toujours dans
une châsse, près du chœur de
la chapelle.

Enserré entre ordres religieux et ministères, l'un des rares jardins parisiens dont les pelouses sont accessibles. Idéal pour une pause relaxante.

⑨ L'hôtel des ventes Drouot-Richelieu

L'engouement pour les salles des ventes

En plein cœur de Paris, des marchands d'art du monde entier viennent s'approvisionner dans cet établissement ouvert en 1852. Plongez-vous dans l'atmosphère : au sein des seize salles, sur trois niveaux, sont organisées des ventes aux enchères de bijoux, d'objets d'art africain, de bandes dessinées ou encore de trophées de chasse. Pas moins de 5 000 objets changent de main chaque semaine.

Découvrir des objets ou des meubles insolites

À l'hôtel des ventes Drouot-Richelieu, les objets sont exposés la veille de la vente de 11 heures à 18 heures, dans des vitrines fermées. Le matin même, en revanche, de 11 heures à 12 heures, les vitrines sont ouvertes et on peut manipuler meubles et bibelots les plus insolites, en arborant l'air blasé et le sourcil dubitatif des habitués. On peut surtout s'adresser en toute simplicité au commissaire-priseur ou à l'un de ses collaborateurs, toujours présents pour renseigner amateurs et néophytes.

Arts & Musées

Avant de quitter le quartier, ou de se jeter sur un petit salé aux lentilles dans les bistrots des artères adjacentes, n'hésitez pas à faire un tour chez les antiquaires dans les rues Drouot, Rossini et Grange-Batelière.

Le quartier Richelieu-Drouot est celui des *bouillons parisiens*, les premiers restaurants de Paris.
Le plus célèbre, le *Restaurant Chartier*, rue du Faubourg-Montmartre, propose toujours son œuf mayonnaise à 2 €...

La majorité des ventes se tiennent à 14 heures. Dans la salle, pour acquérir un bien, il suffit d'enchérir à haute voix ou d'un signe de la main.

🔟 La Bibliothèque nationale de France, site Richelieu

Infos pratiques

Ⓜ Bourse - 4 Septembre
(lignes 3), Pyramides
(ligne 7-14)
🚌 n°20, 29, 39, 48,
67, 74, 85

Les trésors cachés de la BNF

La Bibliothèque nationale de France - site Richelieu est une vieille dame tricentenaire que les Parisiens connaissent bien : derrière la superbe façade de la cour d'honneur que l'on doit à Robert et Jules-Robert de Cotte, étudiants et chercheurs fréquentaient avec assiduité la fameuse coupole jusqu'au transfert de la Bibliothèque nationale sur le site de Tolbiac. Loin d'être abandonné, le bâtiment construit en 1723 demeure un endroit magique : outre l'ancienne coupole que l'on peut apercevoir à travers les vitres qui la protègent, le site abrite le département des cartes et des plans, celui des estampes, des monnaies et des médailles, ainsi qu'un centre d'exposition temporaire, dédié à de somptueuses expositions de photographie.

Un haut lieu de la culture française

890 000 cartes et plans, 12 millions d'estampes, 530 000 pièces de monnaie et médailles, 2 700 000 ouvrages, périodiques dont 12 000 incunables – des livres datant d'avant 1501 –, la BNF peut s'enorgueillir de posséder une extraordinaire collection : en prenant rendez-vous, on peut demander à voir les premières gravures d'Amérindiens de Théodore de Bry ou la *Mélancolie* de Dürer.

Arts & Musées

Dans le même lieu, une autre coupole connue des seuls habitués mérite le coup d'œil : celle de la bibliothèque Doucet, qui abrite près de 750 000 volumes exclusivement consacrés aux beaux-arts. Il serait dommage de quitter les lieux sans avoir pris la mesure de cette merveille cachée.

On peut accéder gratuitement au jardin de la Bibliothèque Richelieu. Allez-y pour admirer l'une des statues les plus insolites de Paris : celle de Jean-Paul Sartre.

Détour par la Galerie Vivienne, qui affiche son style pompéien néo-classique avec ses mosaïques et ses peintures à la gloire du commerce. Voyagez dans le temps : entrez par la rue des Petits-Champs et imaginez le fameux Vidocq traverser la vaste salle rectangulaire recouverte de sa verrière monumentale afin d'emprunter le bel escalier suspendu, sur la gauche, pour se rendre à son appartement.

Dépaysement garanti dans l'une des cantines japonaises du quartier. Concentrées autour de la rue Sainte-Anne et des Petits-Champs, les vraies cantines se reconnaissent aux cuisines ouvertes, où les chefs préparent les *lamen* en faisant sauter viande et légumes dans des *woks*.

🎴 L'église Saint-Eustache

Infos pratiques

Ⓜ Étienne-Marcel
Les Halles (ligne 4)
🚌 n° 29, 67, 74, 85

L'église et ses chefs-d'œuvre

L'église Saint-Eustache est un impressionnant monument gothique construit entre 1532 et 1637. Molière y a été baptisé, Colbert et Marivaux y furent inhumés. Sa situation dans le jardin des Halles est idéale mais les trésors qu'elle renferme sont à l'intérieur. À commencer par *Les Disciples d'Emmaüs*, peint par Rubens vers 1611. Autre œuvre émouvante, la dernière réalisation du plasticien Keith Haring, dont on connaît les personnages stylisés, si caractéristiques de cet artiste contemporain de grand talent.

Moment magique
Un apéro au Cochon à l'Oreille, rue Montmartre, avant une nuit festive, pour admirer les faïences 1900, qui évoquent l'activité des Halles de l'époque.

Dissimulée dans une chapelle, la dernière œuvre de Keith Haring

Le triptyque de Keith Haring est la dernière œuvre de l'artiste mort du sida. Achevée deux semaines avant sa disparition, *La Vie du Christ* (1990) se voulait, pour son auteur qui se savait condamné, un universel symbole d'espoir.

Instant shopping

Au 18, rue Coquillière, Dehillerin est l'un des plus anciens spécialistes de l'ustensile de cuisine. Ouverte au début du xixe, cette boutique permettait aux commerçants et aux restaurateurs de venir s'approvisionner sur le marché des Halles, à la fois en denrées et en matériels.

Vestiges du temps des anciennes Halles, les brasseries sont ici ouvertes autour du cadran. On vient y déguster la *Tentation de Saint-Antoine* (pied, queue et oreilles de porc) au *Pied de Cochon*, et savourer une viande au *Tambour* en fin de nuit.

Avant de rejoindre la rue
Tiquetonne et la rue Montorgueil,
détour par la rue Montmartre
et son nouveau marché,
qui retrouve des airs d'antan
et redonne un peu d'authenticité
à ce quartier très *bobo*.

Pour jouir du point de vue le plus
impressionnant sur l'église,
il faut contourner le monument
par la rue du Jour. Devant la caserne
de pompiers, on découvre
un superbe panorama,
fait d'enchevêtrement de portiques, de
piliers et de dentelles gothiques.

12 La Chapelle expiatoire

**Un mausolée à la mémoire
des rois de France**

Voici un monument que les Parisiens
eux-mêmes ne remarquent guère. Seuls
les riverains de la Madeleine et des
grands magasins connaissent les secrets
de cet étrange mausolée, la Chapelle
expiatoire. Érigé en 1815 par Louis XVIII,
il rend hommage à son frère Louis XVI
et à son épouse Marie-Antoinette,
tous deux guillotinés.

**« Le plus remarquable
monument de Paris »**

Aujourd'hui on pénètre dans la chapelle
par un vestibule, au cœur d'un square
aux arbres magnifiques. Ce monument,
« le plus remarquable de Paris » selon
Chateaubriand, ne vaut certes que par son
aspect insolite. Mais une fois à l'intérieur,
on peut se laisser envahir par le charme
de la roseraie blanche qui rappelle
la couleur des princes et du style
néo-classique de la coupole,
conçue par l'architecte Fontaine.

Instant shopping

La coupole du magasin
du Printemps est un
chef-d'œuvre de l'Art
Nouveau. Après deux
incendies, c'est l'archi-
tecte George Wybo qui
lui donnera, en 1924,
l'allure qu'on lui con-
naît. Notez les effets
de lumière dans cet
espace à la constante
clarté.

Au sortir du
square, au
34, rue Pas-
quier, prêtez une at-
tention particulière
aux bas-reliefs. Re-
quins et chameaux
semblent sortir de
la paroi de cet im-
meuble 1930.

Avant d'être transféré
à Saint-Denis, le couple royal
fut inhumé dans ce lieu, un simple
cimetière où reposaient 3 000 victimes
de la Révolution,
passées au fil de l'échafaud.

Autre chef-d'œuvre de
l'Art Nouveau, les toilettes publiques
de la Madeleine – les plus belles
et les plus propres de Paris ! –
constituent une halte anecdotique
et... utile. Construits en 1905
par les célèbres établissements
Porcher, ces lieux sont accessibles
au pied du monument.

🔢 Artcurial

« Chérie, tu renchéris ? »

Art contemporain, mais aussi champagnes
et alcools rares, estampes, livres anciens,
photographies, objets de design et même
bandes dessinées : les hôtels de ventes
diversifient leurs centres d'intérêt pour
séduire une clientèle plus jeune, parfois
intimidée par les ventes aux enchères.
Presque chaque jour, on peut ainsi admirer
des pièces rares ou étonnantes, dans ce
véritable temple de la création artistique
contemporaine. Une occasion de plus pour
faire entrer l'art dans la vie de tous les jours.

Un mélange de styles détonnant

Quant au lieu, il est tout simplement
somptueux. On commence par admirer
la façade de l'Hôtel Dassault, un édifice
néo-classique construit en 1844. Mais
c'est l'intérieur qui suprend le plus. On en
doit la décoration à Jean-Michel Wilmotte,
qui ose le mélange des styles. L'endroit est
d'ailleurs unique en son genre. À la fois
maison de vente aux enchères et librairie
d'art réputée, il renferme une galerie
où l'on peut trouver des sculptures,
du mobilier, des gravures, des bijoux ou
des tapis réalisés par les plus grands
artistes modernes et contemporains,
comme Sonia Delaunay, Niki de Saint-
Phalle, Salvador Dali, ou Jean Cocteau.

Faire une pause

À une encablure des
jardins présidentiels,
on trouve le marché
aux timbres, dans le
Carré Marigny. Une at-
traction pour connais-
seurs et néophytes, à
voir tous les jeudis, sa-
medis et dimanches.

Métro : Champs-
Élysées - Clemenceau.

La librairie
aux moulu-
res classi-
ques arbore une
décoration bico-
lore qui donne à
ce lieu datant du
XIXᵉ siècle un style
inattendu et dé-
tonnant.

Artcurial, une salle des ventes en pleine mutation, qui tente de séduire curieux et passionnés d'art contemporain.

14 Le Palais de Tokyo

Moment magique

Un café en plein soleil, sur la terrasse, aux premières loges pour admirer les fous du skate.

Les « tokés » de l'art contemporain

On croit entrer dans un immeuble en chantier. Il s'agit en fait d'un centre d'art contemporain. Ancien palais en déshérence, le Palais de Tokyo est devenu un espace en perpétuelle recomposition. Que l'on soit ou non féru d'art contemporain, on est toujours surpris par ses expos. Son espace immense est étrangement convivial et chaleureux. On y vient entre amis ou en famille s'attabler en communauté à la caféteria et, quand le soleil le permet, sur la grande terrasse. Ici, on s'amuse avec l'art, jusqu'à minuit. Le week-end, pas question de laisser les enfants à la maison : dès trois ans, Miss Tok Tok la sorcière initie jeunes et ados aux bizarreries de l'art plastique en racontant des contes et en organisant des ateliers.

Hommage à la France héroïque

En contrebas du palais, devant le bassin, on tombe, presque par hasard, sur un musée de sculpture en plein air. On reste pantois devant les deux bas-reliefs d'Alfred Auguste Janniot, datant de 1937 : *L'Allégorie à la gloire des Arts* et la *Légende de la Mer*. Surplombant cette fresque, un bronze monumental d'Antoine Bourdelle de 1948, *La France*, est dédié aux volontaires de la France libre tombés en 1940-1945.

Arts & Musées

À 100 mètres du Palais de Tokyo, le musée Guimet, entièrement rénové, présente des collections étonnantes d'art asiatique. Ici, il faut se ruer sur

photo DR

la bibliothèque de la rotonde, où se retrouvaient autre-fois les oriental-istes pour parler d'expéditions ar-chéologiques.

Rue de la Manuten-tion, au pied du Palais, on rêve devant ces derniers petits jardins que les habitants en-tretiennent collec-tivement.

Les week-end, on apprécie l'ambiance de la cafétéria, certainement la meilleure de tous les lieux d'exposition de Paris. Les adeptes du wi-fi apprécieront la gratuité du réseau...

15 La fondation Le Corbusier

Le Corbusier : Suisse, génial...
et dérangeant

Le XVIᵉ arrondissement, moins riche sur le plan de la création culturelle, regorge de trésors architecturaux méconnus. L'univers des immeubles en pierre de taille du Paris d'Haussmann qui constitue la majeure partie de l'habitation résidentielle de l'ouest de la capitale est parsemé de touches plus audacieuses, comme celles du génial Charles-Édouard Jeanneret, plus connu sous le nom de Le Corbusier. Ce touche-à-tout traduisait également son originalité dans une œuvre peinte, des sculptures, des tapisseries, des émaux, et un mobilier qui porte la marque d'une réflexion sur le temps, les mœurs et l'urbanisme.

Jeux de forme et de lumière

Construites par Le Corbusier en 1923, deux villas sont représentatives de l'architecture des années 1920. Seule la *Villa La Roche* est ouverte aux visiteurs, qui découvriront également les peintures, les sculptures et le mobilier de l'artiste.

Moment magique

En fin de matinée, pour une promenade, partant de l'avenue Mozart pour descendre vers la Seine.

Faire une pause

Se retrouver seul, dans la quiétude d'un jardin ombragé, puis méditer dans un potager bordé de larges platanes. Une pause pour se recueillir ou souffler un peu dans la frénésie parisienne. Situé à côté de la Maison de la Radio, ce jardin de couvent n'est connu que des seuls riverains.

On y entre par le 17, rue de l'Assomption, de 8 heures à 20 heures.

Les lignes droites sont bannies de cet immeuble Art Nouveau, construit par l'excentrique Hector Guimard – on lui doit notamment les édicules du métro parisien – pour y établir son bureau d'études. On reste coi devant cette manière inexplicable de répartir fenêtres et balcons.

Hôtel Guimard : 122, avenue Mozart, 75016 Paris.

Le talent de Le Corbusier s'est particulièrement exercé dans le design mobilier, qui ne s'est pas démodé depuis 1925. Fauteuil à dossier basculant, chaise longue, table... Rue du Docteur-Blanche, on pourra aussi admirer les peintures auxquelles Le Corbusier consacrait plusieurs heures chaque jour. On dénombre 419 toiles exécutées de 1918 jusqu'à sa mort en 1965.

Au bout de la rue, on tombe sur la rue Mallet-Stevens. Une cité ombragée, très boisée, traversée par une ruelle qui serpente dans les jardins. L'architecte Robert Mallet-Stevens y dessina des maisons de volume simple, cubiques, étrangement articulées autour de cylindres. Il n'est pas rare d'y rencontrer un groupe d'étudiants croquant les décrochés, les gradins, les tours, les jeux d'ouvertures et les auvents de cet énorme bloc « sculpté » par l'architecte.

16 Le parc André-Citroën

Infos pratiques

Ⓜ Balard - Lourmel
(ligne 8)
Javel-André-Citroën
(ligne 14) - RER C Javel
🚌 n° 42, 62, 88
🕐 Ouvert
tous les jours
8 h en semaine et
9 h le week-end.
Accès par le Quai
André-Citroën,
la rue Leblanc, ou la
rue Saint-Charles.

Moment magique

Un coucher de soleil
sur la statue de la
Liberté, avec ses reflets
dans la Seine.

Idée visite

Idéalement placée au quatriè-me étage, la piscine de l'hôtel Novotel du XVe arrondisse-ment accueille les amateurs de vue panoramique qui en-toure un bassin aux allures de piscine suspendue.

Tarif : 9,50 € l'entrée. Ouvert tous les jours de 10 h à 21 h (jusqu'à 18 h le dimanche). 61, quai de Grenelle, 75015, Paris. Tél. : 01 40 58 20 00.

Le parc le plus original de Paris

C'est la Première Guerre mondiale qui fit la fortune d'André Citroën, avec la fabrication de munitions. Ses usines furent ensuite reconverties dans la construction automobile. En 1958, son nom fut donné au quai de Javel, dans le XVe arrondissement. À l'emplacement des anciennes chaînes de montage, un parc portant son nom a été créé dans les années 1990. Faisant partie d'un ensemble architectural ultramoderne, il invite ses visiteurs à des parcours thématiques. À ne pas manquer : le jardin blanc, le jardin noir, le parc central, les deux serres monumentales, les jardins sériels, le jardin des métamorphoses et le jardin en mouvement.

Embrasser la ville entière

Pelouses, serres, jardins thématiques : ce parc très urbanisé est un vrai parcours poétique.
Une balade dans les *jardins minéraux*, autour de gammes chromatiques qui éveillent les sens : le *jardin bleu* évoque la pluie et l'odorat, le *jardin orange,* le ruisseau et le toucher.

À chaque re-coin du parc, on découvre les perspectives inso-lites imaginées par les paysagistes.

Le ballon de l'esplanade du parc propose un vol à couper le souffle. Arrimé au sol par un câble, il s'élève à 150 mètres, dévoilant la vue imprenable sur Paris. Dix minutes d'émotion garantie... Les vols ont lieu tous les jours, en fonction des conditions météorologiques.

Accessible à pied depuis le parc André-Citroën, l'île des Cygnes est la troisième île de Paris. Elle ne mesure que... 11 mètres de large et fut créée artificiellement pour empêcher le port de Grenelle de prendre trop d'importance, il y a deux siècles.
La Liberté éclairant le monde, installée à sa pointe, est la réduction de la statue de la Liberté offerte par la France aux États-Unis. Elle fut retournée en 1937, car elle tournait le dos à l'Amérique !

17 La Maison d'Ourscamp

Plongée dans la capitale gothique

La Maison d'Ourscamp est une machine
à remonter le temps. Dans cette vénérable
maison, on visite l'un des plus beaux
sous-sols gothiques de Paris,
magnifiquement restauré par les
bénévoles d'une association
de passionnés d'histoire. Ce cellier datant
du XIIe siècle, avec son architecture
en ogive, est tout simplement le seul
du genre que l'on puisse encore visiter
à Paris. Il doit sa survie aux commerçants
du quartier qui utilisaient cette cave
comme entrepôt, le comblant ainsi
à hauteur des chapiteaux.

Le Paris des plus belles pierres

À quelques encablures, au 11 -13,
rue François-Miron, deux maisons du
XIVe siècle ont conservé leurs façades dans
leur forme initiale. Même si elles ont subi
de nombreuses rénovations intérieures,
leur aspect moyenâgeux montre que le
bois domine dans la construction.
À l'époque, le bois, moins cher que la
pierre, permettait en effet d'élever des
maisons à moindre coût.

Moment magique
Un café matinal sur
la place du Marché
Sainte-Catherine, et, le
week-end, un brunch
de cuisine d'Europe de
l'Est, en fin de matinée
chez Pichi-Poï.

Instant shopping

Au 30, rue François-Miron, une
véritable caverne d'Ali Baba
pour les amateurs d'épices du
monde entier. Poivres et piments, aneth et coriandre, ge-
nièvre et carvi, miels d'eucalyptus et de rhododendron : des
mélanges uniques que tous les
chefs utilisent pour une cuisine
saveur.

 Le Mémorial de la
shoah est le nou-
veau lieu de recueille-
ment et du souvenir de la
déportation.

17, rue Geoffroy-l'Asnier,
75004 Paris.
Métro Saint-Paul.

Les amoureux de Paris
se retrouvent à l'association
du *Paris historique*
pour des expositions, des visites-
conférences, ou encore pour consulter
les nombreuses ressources
documentaires disponibles
à la bibliothèque, au premier étage.
Chaque mois, des rallyes thématiques
permettent de découvrir les secrets
d'un Paris aujourd'hui disparu,
que seuls les amateurs d'art
et d'histoire sont en mesure
de ressusciter.

Un crochet par le
42, rue François-Miron permet
d'admirer un immeuble aux superbes
balcons de styles Louis XIII et Louis XIV.
Plus loin, au 68, on est surpris
par l'originalité d'un palais dont on
peut voir la façade exceptionnelle
dans la cour intérieure de l'Hôtel
de Beauvais, construit par
Catherine de Beauvais au XVIIe siècle.

🔟🔟 Le marché des Enfants-Rouges

Infos pratiques

Ⓜ Filles du Calvaire -
Saint-Sébastien-
Froissard (ligne 8)
🚌 n° 20, 65, 75, 96
🕐 Le marché est ouvert
mardi, mercredi, jeudi
de 8 h 30 à 13 h et de
16 h à 19 h 30 ;
vendredi, samedi de
8 h 30 à 13 h et de
16 h à 20 h - dimanche
de 8 h 30 à 14 h.
Entrée par le 30, rue
de Bretagne ou le
33 bis, rue Charlot.

Le plus vieux marché de Paris

Créé en 1615, le Petit Marché devait
approvisionner le Marais, le nouveau
quartier bâti par Henri IV. Naguère,
le bon roi Henri avait envisagé de créer
à cet endroit une place de France depuis
laquelle rayonneraient des rues portant les
noms des différentes provinces du pays.
Ce projet ne verra pas le jour mais certaines
rues en conservent la trace : rue de
Bretagne, du Poitou, de Saintonge,
du Perche... Le Petit Marché, installé
sous une halle en bois et équipé d'un puits
et d'une étable, rencontrera un succès
considérable.

Le rouge, couleur de la charité

Marguerite de Navarre y fit construire
un orphelinat en 1534. En souvenir des
jeunes pensionnaires vêtus d'un habit
rouge en signe de charité, les habitants du
Marais baptiseront le Petit Marché
du nom des *Enfants-Rouges*. Il sera cédé
à la Ville de Paris en 1912, et, s'il n'a pas
été victime d'une opération immobilière
menaçante, c'est qu'il est inscrit
à l'Inventaire des monuments historiques
depuis 1982. Cinq siècles plus tard,
la place du village, comme l'appellent les
riverains, a recouvré sa vocation première
grâce à la volonté de ses habitants.

🐦 À l'angle de la rue du Perche se trouve l'ancienne Chapelle de l'Immaculée Conception. Le 20 janvier 1793, au
soir, on vint y chercher les ornements nécessaires pour célébrer
la messe dans la prison du Temple, le gouvernement ayant ac-
cordé cette faveur à Louis XVI avant son exécution. Aujourd'hui
dévolue au culte catholique arménien, on peut y entendre des
chants en arménien classique, le dimanche.

Du mardi au dimanche, on se presse
pour venir faire le plein
de produits frais : fleurs, poissons,
charcuteries, primeurs,
produits bio et vins de qualité.
Les produits de Vendée,
du Pays basque et de l'Aveyron
renforcent la qualité des mâchons
qui ne désemplissent pas entre midi
et deux. Couscous et tagines
parfument ce lieu délicat.

Niché au cœur du Marais,
le passage de l'Hôtel de Retz,
mini-centre d'art contemporain,
est accessible par le 9, rue Charlot.
Jeunes artistes, étrangers,
ou étudiants, se retrouvent autour
du Petit Café, dans le cadre intime
d'un lieu à la fois humble,
accueillant et riche en talents.

© Jean-Luc Mabit

45

🔢 Le Centre culturel suédois

Infos pratiques

Ⓜ Chemin-Vert (ligne 8)
🚌 n° 20, 29, 65, 96
🕐 Ouvert : 12 h - 18 h.
Fermé le lundi.
11, rue Payenne,
75003 Paris.
www.swedenabroad.com

Le Marais et ses quarante hôtels de charme

Depuis qu'au XVIIe siècle, Henri IV décréta que le Marais serait le « quartier à la mode », on vit fleurir les hôtels particuliers. Une quarantaine de ces belles bâtisses font aujourd'hui le charme d'une balade inoubliable dans le vieux Paris. Tandis que l'Hôtel Salé accueille le musée Picasso, l'Hôtel Carnavalet, un musée sur Paris, l'Hôtel de Marle, moins connu, accueille, quant à lui, le Centre culturel suédois. Ce n'est pas le moins dénué de charme...

Gâteaux et culture nordique

Fruit de l'histoire et du savoir-vivre nordiques, le Centre culturel suédois est une étape conviviale lors d'une promenade dominicale dans le Marais, avec sa cour pavée, transformée en café décontracté pour un public varié, très éclectique.

Instant shopping

Le magasin Rougier & Plé dispense gratuitement des cours de décoration, du lundi au samedi de 10 heures à 19 heures, pour les artistes en herbe et les artisans plus confirmés. De la technique de la bande plâtrée à celle des perles, en passant par la peinture sur soie ou sur bois. Le programme est disponible à l'accueil du magasin.

13-15, boulevard des Filles-du-Calvaire, 75003 Paris.

Au 29, rue des Francs-Bourgeois, dans la boutique de prêt-à-porter, on peut prêter une attention toute particulière à la fresque champêtre de la fin du XIXe siècle, réalisée par l'atelier Albert Raybaud, décorateur de renom.

Touristes, gens du quartier et Vikings
en mal du pays partagent ce lieu
culturel, dévolu à la photo,
au design... et au gâteau à la carotte.
Outre les expositions, des concerts
et des rencontres littéraires,
des films ou des lectures sont aussi
au programme. Les enfants ont
également leurs animations,
en français et en suédois.

Les squares Georges-Cain
et Léopold-Achille drainent
la foule depuis la rue Payenne.
Optez pour le jardin
Saint-Gilles-Grand-Veneur,
accessible derrière la rue
des Archives, par le
12, rue Villehardouin. Vous ne serez
pas déçu par sa roseraie et ses
pelouses entourées de belles
maisons, qui font de lui un lieu
intime et majestueux à la fois.

20 Le Centre de danse du Marais

Infos pratiques

Ⓜ Rambuteau (ligne 11)
🚌 n° 29, 38, 47, 75
41, rue du Temple,
75004 Paris.
Programme sur
www.parisdanse.com

Une fourmilière musicale

Lorsqu'on pénètre sous le porche du 41, rue du Temple, au beau milieu des boutiques de grossistes en bijoux et accessoires fantaisie, on est saisi par la majesté du lieu. Pourtant, l'hôtel particulier, construit au début du XVIIᵉ, puis transformé en auberge au XIXᵉ siècle – *L'Aigle d'Or* –, avait un peu perdu de sa superbe quand il avait échoué... en garage. Mais en 1970, il renaît de ses cendres pour abriter cette véritable fourmilière destinée aux spectacles et à la danse. Depuis, il ne désemplit jamais. Au fond de la cour, l'entrée du *Café de la Gare* : l'un des plus agréables et fameux cafés-théâtres de Paris. Le reste du bâtiment abrite le *Centre de Danse du Marais*.

S'inscrire *in extremis* pour apprendre à danser

Tango, claquettes, flamenco, danse orientale, théâtre, piano... Rythmes et tempos en tout genre retentissent dans la cour carrée, dans un joyeux melting-pot musical. Rien n'empêche de venir en dernière minute pour prendre le cours de son choix, avant de commenter, au restaurant ou au bar, son aptitude à valser ou à suivre les acrobatiques mouvements de la *capoera* !

Noctambule

Le Centre Pompidou, à deux pas, est ouvert tous les jours jusqu'à 22 heures (sauf les mardis). L'occasion de visiter une exposition en nocturne et d'admirer la vue du restaurant, très branché, à son sommet.

Le *Bricolo café*, installé au sous-sol du BHV, est une halte indispensable pour les accros des boîtes à outils. Dans un décor d'atelier à l'ancienne, on se délasse en s'initiant au bricolage, avec un pro, à 16 heures, en semaine, pendant 20 minutes.

Convivial en diable, le Centre de danse du Marais, avec son café-théâtre et son bistrot, est une idée de sortie alternative aux bars du Marais.

21 Le passage Brady

Infos pratiques

Ⓜ Chateau-d'Eau
(ligne 4)
Strasbourg-St-Denis
(lignes 4-8-9)
🚌 n° 20, 38, 39

Accès par le
46,rue du Faubourg-
Saint-Denis
Passage Brady,
75010 Paris.

Plongée dans *Little India*

Le Passage Brady est l'un des tout premiers lieux d'installation de la communauté indo-pakistanaise à Paris. C'est là que, dans les années 1970, les immigrants venus du sous-continent ouvrent échoppes et commerces. Depuis, il ne manque que le décalage horaire pour ajouter au dépaysement. Mille senteurs d'épices ou de teintures rappellent que l'Inde possède l'une des gastronomies les plus parfumées au monde.

Saveurs exotiques et prix imbattables

Avec l'arrivée des Tamouls et des Sri Lankais, le quartier indien s'est considérablement étendu. *Little India* va désormais du nord de la rue Saint-Denis jusqu'au métro Louis-Blanc et même jusqu'à la station Marx-Dormoy. Les tissus – saris ou costumes – et l'artisanat attirent bon nombre de visiteurs. On retrouve les habitués et les professionnels autour d'un curry, dans l'un des quinze restaurants du passage. L'atmosphère y est chaleureuse. On se sent tout de suite chez soi. Pourquoi ne pas se laisser tenter par une coupe de cheveux à l'indienne avec le massage traditionnel ?

Instant shopping

Quelques mètres plus loin, on découvre une autre atmosphère : au passage de l'Industrie, c'est le paradis de la frisette, avec ses produits et matériels de coiffure.

Au n° 8 du boulevard Saint-Martin, levez les yeux sur les céramiques Art Nouveau. Elles s'inspirent du graphisme du Tchèque Alfons Mucha, qui gagna sa notoriété en réalisant notamment les affiches de théâtre de Sarah Bernhardt.

Épicée et villageoise, l'ambiance exotique du passage Brady n'a rien à envier aux quartiers indiens de Londres.

🖿 Le Marché Dejean

Les couleurs de l'Afrique noire

Au XVᵉ siècle, un vignoble prend le nom
de la couleur de son vin : la Goutte-d'Or.
Le quartier est aujourd'hui situé entre
Barbès et Château-Rouge. Flanqué de la
rue Poulet et de la rue des Poissonniers,
le marché Dejean illumine le fameux
quartier avec ses produits exotiques :
manioc, igname, bière au gingembre,
kola-champagne et limonade à l'anis.

Poissons des îles et volailles vivantes

Dans le plus vaste carré commerçant
d'Afrique noire de Paris, on trouve
des poissons des eaux chaudes comme
le capitaine, le barracuda, le tilipia,
le machoiron, le coq rouge, l'alose,
et le coryphène. Quant aux piments ultra
parfumés et aux herbes fraîches de toutes
sortes, ils serviront à apprêter le poulet,
que l'on peut acheter vivant, rue Mirha,
à côté d'un bazar oriental.

Noctambule

Situé au cœur de la Goutte-d'Or,
un ancien lavoir aux murs décré-
pits par l'humidité a conservé le
charme du temps des lavandiè-
res. Il accueille aujourd'hui des
créations théâtrales contemporaines, ainsi que de la musique
et de la danse...

Le Bateau Lavoir :
35, rue Léon, 75018 Paris.
Métro Château-Rouge.

9, rue des Pois-
sonniers, un sur-
plus de chaussu-
res a élu commerce dans
un ancien théâtre de
music-hall ! L'endroit vaut
le coup d'œil. On fait ses
emplettes dans un décor
de balcons rococo. Kits-
chissime... et bon marché.

Coloré, mais surtout parfumé, le marché Dejean est le premier marché de produits africains à Paris. On n'y marchande pas comme au pays, mais on est surpris de pouvoir acheter des fruits, des légumes ou des poissons qu'on ne trouve nulle part ailleurs dans la capitale.

Depuis une dizaine d'années, le quartier vit au rythme de sa réhabilitation. Au détour des portes cochères, on découvre parfois des cités bordées de maisons noyées dans la verdure, souvenirs du XIXe siècle.

23 Le square Villemin

Un jardin chargé d'histoire

En 1870, alors que les blessés affluaient du front par la gare de l'Est, l'hôpital militaire Villemin est créé dans les murs de l'ancien couvent des Récollets. Aujourd'hui, le couvent et l'hôpital ont laissé la place à un très agréable jardin de quartier. Cet îlot de verdure offre une balade entre l'avenue de Verdun, la rue des Récollets et le canal Saint-Martin. Au n° 8 de la rue des Récollets, on peut admirer la porte monumentale de l'ancien hôpital.

Le canal, un rythme de la vie

Tout autour, le quartier vit au rythme du canal Saint-Martin. Depuis la Restauration, date à laquelle il fut creusé, le canal a permis d'acheminer vivres et matériels. Aujourd'hui certains entrepôts de stockage témoignent d'une reconversion réussie. Au 200, quai de Valmy, un ancien dépôt de graviers est devenu un lieu d'exposition, de sorties et de concerts.
Le *Point Ephémère* est devenu un lieu plein de vie en bordure du canal.

Faire une pause

Si les péniches de marchandises circulent toujours sur le canal, les croisières touristiques aussi. Lors de cette balade anti-stress de trois heures, on franchit les neuf écluses qui séparent l'Ourcq de la Seine. Rien à voir avec les bateaux mouches...

On peut admirer dans le square Villemin des arbres rares comme des eucalyptus d'Australie. Vestiges du temps où l'hôpital cultivait des essences du monde entier pour tester leurs vertus thérapeutiques.

Certains lieux parisiens
ne peuvent être évoqués sans
un brin de nostalgie.
Au 102, quai de Jemmapes,
l'Hôtel du Nord fut des années durant
la figure de proue du canal grâce
à la magie de Marcel Carné,
qui l'immortalisa sur la toile en 1938.
Il échappa de peu à la démolition
et devint un lieu culte : on y entonne
toujours dans ce café
de vieilles chansons françaises,
après une sieste, en face,
au Square Villemin.

Outre leur aspect pittoresque
– impossible d'oublier les ricochets
d'Amélie Poulain perchée sur l'écluse
du canal Saint-Martin –, les canaux
parisiens ont longtemps joué un rôle
essentiel dans l'univers familier
des habitants de la capitale.

24 La place Sainte-Marthe

La vraie vie de village

Si, en parlant d'une vie de quartier, le mot authenticité revêt encore un sens, on le trouvera rue Sainte-Marthe. À voir les riverains discuter sur le pas de leur porte, on dirait une ruelle napolitaine. Les volets en bois de couleur vive égayent toute la rue, en lui donnant un air de village brésilien. Loin de tout circuit touristique, la rue Sainte-Marthe cultive la diversité et le sens de la fête : artisans, bistrotiers et disquaires se rassemblent dans les petits cafés et restaurants où on n'attend pas la fin du repas pour se tutoyer.

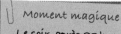

Moment magique

Le soir, après 23 h, pour une tournée dans les bars. Le matin, un petit noir au comptoir du café de la place.

Quand le bistrot tient le haut du pavé

Le bistrot tient une place essentielle de la vie de ce village parisien. En haut de la rue Sainte-Marthe, le *Coin de verre*, un bistrot d'habitués, unique en son genre à Paris, perdure depuis une quinzaine d'années. Cet ancien cabaret est animé par un œnologue mélomane, qui sert l'andouillette de chez Duval avec ostentation et va choisir sur le terrain ses vins chez les petits producteurs.

Arts & Musées

À voir, au 2, place du Colonel-Fabien, l'un des immeubles les plus célèbres de Paris, le siège du parti communiste français, son dôme futuriste et sa large façade transparente des années 1970, par l'architecte Oscar Niemeyer.

La cour de l'hôpital Saint-Louis, tout proche, n'a pas changé depuis le XVIIe du siècle. Imaginez les pestiférés, regroupés sous des tentes pour éviter tout contact avec le reste de l'hôpital. Si le cœur vous en dit, l'hôpital abrite le Musée des maladies de peau.

Hôpital Saint-Louis
1, avenue Claude-Vellefaux, 75010 Paris.

Le *Sainte-Marthe*, au réveil,
à l'heure où le patron rédige le menu
et inscrit le plat du jour.
Les bistrots du Xᵉ arrondissement sa-
vent encore cultiver leur différence.

La petite place Sainte-Marthe arbore
des allures marseillaises façon
quartier du Panier. À la moindre
occasion, la place revêt ses habits
de féria. Si l'esprit de fête doit renaître
à Paris, c'est de ce coin
du Xᵉ arrondissement qu'il soufflera.

25 Le cimetière Saint-Vincent

Infos pratiques

Ⓜ Lamarck-Caulaincourt
(ligne 12)
🚌 n° 80, Montmartrobus
🕐 Horaires d'ouverture :
du mardi au samedi
de 10 h à 18 h 30 ;
le lundi de
13 h 30 à 18 h 30 ;
2, rue Charles-Nodier,
75018 Paris.

Le petit coin de campagne

Derrière Montmartre et son fameux carré de vigne que l'on vendange religieusement chaque année, le premier week-end d'octobre, on trouve le plus charmant cimetière de Paris. Adossé à la rue des Saules, le cimetière Saint-Vincent procure une vision du Montmartre intime.
Une promenade entre les demeures éternelles des peintres Maurice Utrillo, Eugène Boudin, de l'acteur Harry Baur, de l'auteur des contes du Chat Perché, Marcel Aymé, est une invitation au voyage. Une petite incursion paisible au temps des impressionnistes et du *Lapin agile*, du *Moulin de la Galette*, dont Renoir immortalisa les fameux bals.

Un parfum de nostalgie

Moment magique
Une balade en début ou en fin de journée, lorsque le soleil rasant joue avec les statues des sépultures.

Toutes les grandes familles qui ont contribué à forger l'histoire de Montmartre y reposent. Sorti des belles sépultures de style Restauration, on se plaît, avant de rejoindre la place du Tertre et de contempler la vue sur tout Paris, à faire une halte à l'angle de la rue Saint-Vincent et de la rue des Saules pour goûter le charme de la Maison Rose, célèbre grâce à la peinture de Maurice Utrillo.

Instant shopping

Au pied d'un Montmartre figé dans un temps qui n'est plus le sien, après avoir arpenté le célèbre escalier ou emprunté le petit funiculaire, détour vers un commerce d'habitués, le marché Saint-Pierre. Dans ce royaume du tissu, il est rare de ne pas trouver, entre les cotons, satins et damasseries de toutes provenances, une petite idée de cadeau original.

) Caché derrière la vigne Montmartre, le cimetière Saint-Vincent reste un lieu
protégé du tourisme de masse de la butte.

Les 20 incontournables

Château de Vincennes
Quartier : Vincennes, est parisien
Accès métro : station Château-de-Vincennes
Accès RER : A, station Vincennes

La place des Vosges
Quartier : Bastille, Marais
Accès métro : Saint-Paul, Bastille

Le Louvre
Quartier : Louvre, Tuileries
Accès métro : Palais Royal Musée du Louvre
Accès RER : A, B, D, Châtelet - Les Halles, Orsay

Le musée d'Orsay
Quartier : Concorde
Accès métro : Solférino
Accès RER : C, Musée d'Orsay

Le centre Pompidou
Quartier : Les Halles, Beaubourg, le Marais
Accès métro : Rambuteau

L'opéra Garnier
Quartier : Opéra, grands magasins
Accès métro : Opéra
Accès RER : A, Auber
Fermé le dimanche.

La tour Eiffel
Quartier : Tour Eiffel, Champ de Mars
Accès métro : Bir Hakeim, Trocadéro
Accès RER : C, Champ de Mars Tour Eiffel

Cathédrale Notre-Dame de Paris
Quartier : Île de la Cité, Saint-Michel, Notre-Dame
Accès métro : Cité
Accès RER : B, C, Saint-Michel - Notre-Dame

L'arc de Triomphe
Quartier : Île de la Cité, Saint-Michel, Notre-Dame
Accès métro : Charles de Gaulle - Étoile
Accès RER : A, Charles de Gaulle - Étoile

Le Panthéon
Quartier : Quartier latin
Accès métro : Cardinal-Lemoine, Maubert-Mutualité
Accès RER : B, Luxembourg

Les Champs-Élysées
Quartier : Concorde, Étoile, Champs-Élysées
Accès métro : Champs-Élysées - Clémenceau, Franklin Roosevelt, Étoile

La Grande Arche de la Défense
Quartier : La Défense
Accès métro : La Défense Grande Arche
Accès RER : A, La Défense Grande Arche
Accès Tramway T2 : La Défense Grande Arche

Les Invalides
Quartier : Invalides
Accès métro : Invalides

L'église de la Madeleine
Quartier : Madeleine, Faubourg Saint-Honoré
Accès métro : Madeleine

La place de la Concorde
Quartier : Concorde, Tuileries
Accès métro : Concorde

L'Assemblée nationale
Quartier : Invalides
Accès métro : Assemblée nationale, Invalides

Le Sacré-Cœur
Quartier : Montmartre
Accès métro : Anvers

Le Palais du Luxembourg
Quartier : Luxembourg, Sénat, Odéon
Accès métro : Luxembourg

La Conciergerie
Quartier : Île de la Cité
Accès métro : Châtelet, Cité

Le pont des Arts
Quartier : Saint-Germain, Louvre, quartier de la Monnaie
Accès métro : Louvre

Adresses utiles

Transport en commun
Prix du billet de métro et de bus : 1,40 €.
Cartes Paris-Visites et Paris Monuments pour un ou plusieurs jours en vente dans toutes les stations de métro.
Transport de nuit : 35 lignes de bus desservent Paris et 175 villes d'Île-de-France, de 0 h 30 à 5 h 30. (www.noctilien.fr)

Office de tourisme
25, rue des Pyramides, 75001 PARIS
Tél. : 08 92 68 3000
www.parisinfo.com
Ouvert de 10 h à 19 h du lundi au samedi et de 11 h à 19 h le dimanche et les jours fériés.

Louer des rollers
Place Bastille au magasin Nomades.
7, boulevard Bourdon. 75004 Paris, Métro Bastille.
Tél. : 06 13 24 88 87
Tous les vendredis soir, à partir 22 h, traversée géante encadrée dans toute la ville. "Friday Night Fever", 40, avenue d'Italie, Paris 13e. Métro : Place d'Italie, 22 h.

Louer un vélo
Maison Roue Libre Les Halles
Forum des Halles - 1, passage Mondétour - 75001 (en face du 120, rue Rambuteau)
Maison Roue Libre Bastille
37, boulevard Bourdon, 75004
Tous les jours de 9 h à 19 h.
www.rouelibre.fr
Tél. : 0810 44 15 34
À Paris, les voies sur berge sont ouvertes aux piétons/vélos/rollers le dimanche de 9 h à 17 h, de mars à novembre.

Spectacles à moitié prix, le jour même
Kiosque de la Madeleine
15, place de la Madeleine
Métro Madeleine

Kiosque Montparnasse
Sur le parvis de la gare Montparnasse.
Métro Montparnasse-Bienvenüe
Ouvert du mardi au samedi de 12 h 30 à 19 h 45 et le dimanche de 12 h 30 à 15 h 45.

Conseils de voyage

Toutes les astuces de Voyages-sncf.com
pour voyager moins cher à Paris

Soyez malin, réservez vos billets d'avion au meilleur prix.
Pour bénéficier des meilleurs tarifs, trois astuces à retenir : passer la nuit du samedi au dimanche sur place, réserver à l'avance et acheter un billet aller et retour. Vérifiez toujours si le prix proposé inclut toutes les taxes (taxes d'aéroport, frais de réservation, etc.), vous éviterez ainsi les mauvaises surprises. Le petit plus à savoir : sur Internet, les frais de réservation sont moins élevés.

Monter ou descendre à Paris en train, de plus en plus facile.
Les billets de train sont réservables 24 h/24, 7 j/7 sur Internet. Plus vous réservez tôt (jusqu'à trois mois avant le départ), moins c'est cher.
Et une nouveauté : vous pouvez vous faire rembourser certains billets en souscrivant une assurance annulation.

Envie d'un week-end à Paris ?
Sur Internet, c'est simple : composez votre voyage à la carte en choisissant votre transport (train ou avion) et votre hôtel. Vous pourrez économiser ainsi jusqu'à 30 %...

Un hôtel à Paris ?
De nombreux hôtels, du deux étoiles au palace, vous attendent sur place. Pour bénéficier des meilleurs prix, surveillez les promotions saisonnières et les tarifs de dernière minute. Réservez à l'avance et, si possible, décalez votre retour, la nuit du dimanche au lundi étant souvent à tarif promotionnel.

D'autres bons plans ? Rendez-vous sur Voyages-sncf.com, première agence de voyages sur Internet en France.
Voyages-sncf.com, c'est une large gamme de produits à destination de la France, de l'Europe et du monde entier : billets de train et d'avion, location de voitures, hôtels, séjours, croisières, mais aussi excursions, musées...

À tout de suite sur www.voyages-sncf.com
et au 0 892 308 308 (0,34 € / min).

0749

Composition/maquette : IntuitArt
Achevé d'imprimer en Allemagne par GGP
en février 2006 pour le compte de E.J.L.
87, quai Panhard-et-Levassor, 75013 Paris
Dépôt légal février 2006

Diffusion France et étranger : Flammarion